# Asiatische Kräuter

KOSMOS

Dirk Mann

# Asiatische Kräuter

KOSMOS

# Inhalt

# Asia-Kräutergarten

# Kräuter aus Fernost

*Gewürze und Kräuter sind in Asien ein wichtiger Bestandteil der Nahrung. Sie werden auf regionalen Märkten in einer großen Auswahl angeboten.*

## Blick in die Geschichte

Die Kräuterkunde ist seit mehreren tausend Jahren überall auf der Welt bekannt. Die Eingeborenen in Afrika, Amerika, Asien oder Europa verwendeten Heilkräuter zum Lindern von Krankheiten und Leiden, Gewürzkräuter zum Aromatisieren von Fleisch und anderen Speisen.

Die älteste Tradition hat die Kräuterverwendung jedoch im fernöstlichen China. Vor allem Pflanzen mit Heilwirkung haben das Leben vieler Chinesen bestimmt. Bereits 2700 Jahre v. Chr. umfasste der Kräuterkanon des Kaisers Shen Nung 252 Pflanzen, die bis heute noch Verwendung finden. Hundert Jahre später wurde von Kaiser Huang Ti eine erste Theorie zur Behandlung menschlicher Krankheiten im berühmten Nei Ching verfasst. Nach mehreren Überarbeitungen kam es im 7. Jahrhundert zur ersten großen Vervielfältigung eines erneuerten Kräuterkanons, der in ganz China verteilt wurde. Das bekannteste Werk namens „Compendium der Materia Medica" wurde 1578 vom chinesischen Gelehrten Li Shizhen verfasst. In ihm fanden sich über 1800 heilende Substanzen und sage und schreibe 11 000 Mixturen.

Auch heute wird in Asien Kräutern noch eine größere Bedeutung beigemessen als bei uns in Europa. Im Gegensatz zur westlichen Pharmazie werden die Wirkungen heilender Pflanzen in China intensiv erforscht. So wurden beispielsweise in wissenschaftlichen Studien eine Vielzahl von Kräutern aufgeführt, die nachweislich bei Krebs Linderung versprechen.

## Exotik auf dem Kräuterbasar

Egal ob man einen Basar im Orient, in Indien oder in Fernost betritt, von überall steigen die exotischsten Aromen und Düfte in die Nase. Ein besonderes Beispiel für derartig Ausgefallenes sind die schwimmenden Märkte Thailands, auf denen neben Fisch, Obst und Gemüse auch viele aromatische Wildpflanzen angeboten werden. Kein Wunder, dass bei diesen Angeboten Appetit auf die asiatische Küche geweckt wird. Beliebt sind Würzmischungen, die sich aus verschiedenen Kräutern zusammensetzen. Bekannte Beispiele sind Curry, Chat Masala oder Zathar. Diese Gewürze werden vorrangig bei fetten Speisen oder Fleischgerichten verwendet. Neben den Aromen wollen sich asiatische Köche die verdauungsfördernden Eigenschaften der Kräuter und Gewürze zu Nutze machen. Kein Wunder, dass viele Speisen aus Fernost fettarm, gesund und vitaminreich sind.

*Kräutersamen, zum Beispiel von Koriander, finden in vielen asiatischen Gerichten Verwendung.*

Die asiatische Küche erfreut sich nicht nur wegen ihres Nährwertes steigender Beliebtheit. Das damit vermittelte Lebensgefühl und die außergewöhnlichen Aromen bewegen viele Experimentierfreudige sich asiatischen und exotischen Kräutern zuzuwenden.

*Teezubereitung und -genuss sind in der asiatischen Kultur fest verankert.*

# Asien im eigenen Garten

Nicht nur das Kochen mit asiatischen Kräutern macht Laune, sondern auch das Anbauen, Pflegen und Ernten im eigenen Garten. Das größte Problem stellt dabei das vergleichsweise raue Klima unserer Breiten dar. Die meisten exotischen Kräuter stammen aus tropischen Gebieten und können bei uns nur als Einjährige oder Kübelpflanzen gehalten werden.

## Exotik im Hochbeet

Ohne zu wissen, baut man sicher schon asiatische Kräuter, wie zum Beispiel Anis, Basilikum oder Koriander, im eigenen Kräutergarten an. Im Grunde lassen sich diese Pflanzen in jeden Garten integrieren. Günstig sind jedoch hoch gebaute Beete, da der Boden durch die Aufschüttung stärker erwärmt wird. Dies wirkt sich besonders positiv auf das Wurzelwachstum und die Pflanzenentwicklung aus. Hochbeete gibt es in verschiedenen Variationen. Sie können entweder als aufgeschüttete Bodenspur angelegt oder mit einer Einfassung umgeben werden. Aufgrund der Standsicherheit sollte ein Hochbeet allerdings nicht höher als hüfthoch gebaut werden. In der Regel werden Holz- oder Steineinfassungen verwendet. Bei Holzmaterialien ist zu beachten, dass diese mit der Zeit verrotten und nach einigen Jahren ersetzt werden müssen. Zum Schutz kann man diese Hölzer behandeln. Hierbei sollte man Wert auf pflanzenfreundliche Schutzmittel legen. Den Bodenbereich füllt man mit groben Materialien wie Geäst. Dieser Untergrund wirkt dränierend, sodass es zu keiner Staunässe kommen kann. Anschließend wird das Hochbeet mit nicht zu nährstoffreichem Kompost oder Muttererde gefüllt. Die Gestaltung erfolgt nach eigenem Geschmack. Es empfiehlt sich, Kräuter mit flachem Wuchs beziehungsweise geringen Wuchshöhen an den Rand und größere nach innen zu pflanzen.

*Die meisten asiatischen Kräuter lassen sich im eigenen Garten gut anbauen. Nicht frostharte Vertreter werden im Topf kultiviert oder samt Kübel in den Boden eingelassen. 1. Chinesischer Gewürzstrauch, 2. Japanische Minze, 3. Salat-Chrysantheme, 4. Rotwurzel-Salbei, 5. Vietnamesischer Koriander, 6. Anis*

*Grün- und purpurblättriges Basilikum eignet sich nicht nur wegen seines intensivem Aromas, sondern auch wegen seines Zierwertes für den Kräutergarten.*

Zur Pflege sei gesagt, dass Gießwasser auf Hochbeeten schneller abfließt und es bei heißem Wetter rasch zu Vertrocknungen kommen kann. Deshalb sind Hochbeete häufiger zu wässern. Der erhöhte Aufbau eines solchen Kräuterbeetes bietet bei der Ernte und anderen Gartenarbeiten noch einen wichtigen Vorteil: das anstrengende Bücken wird reduziert.

## Chinesische Heilkraft aus dem eigenen Garten

In Asien gibt es auch gemäßigte Breiten, in denen Fröste zu einem normalen Winter gehören. Pflanzen aus diesen Regionen, wie der Chinesische Engelwurz, das Chinesische Helmkraut oder die Japanische Minze, können problemlos mehrjährige Kräuteranpflanzungen ergänzen und bereichern. So sieht man beispielsweise bei Heilpraktikern die ersten chinesischen Heilpflanzengärten. Da man als Laie jedoch nicht so erfahren ist, lohnt es für zu Hause sicherlich mehr, bekanntere asiatische Kräuter in den bestehenden Kräutergarten einzubinden.

## Keramik im Kräutergarten

Aber was lässt sich mit den ganzen aromatischen Kräutern aus Warmgebieten anfangen? Auch sie kann man im Kräutergarten kultivieren. Ähnlich wie wuchsfreudige Kräuter, werden die wärmeliebenden Exoten in große Keramikkübel eingepflanzt und die Gefäße im Frühjahr nach der letzten Frostgefahr im Kräutergarten eingelassen. Dabei können sie in unmittelbarer Nachbarschaft zu den herkömmlichen Kräutern stehen. Keramiktöpfe können atmen, das heißt Wasser kann durch die Topfwand dringen und das Topfsubstrat hat Kontakt zum gewachsenen Boden.
Rückt der erste Frost im Herbst näher, braucht man die Pflanzen nicht mühevoll auszugraben, sondern muss nur die Töpfe aus dem Boden ziehen und sie dann frostfrei überwintern.

*Koriander ist ein auch bei uns sehr bekanntes asiatisches Gewürzkraut.*

# Kräuterkombinationen

*Das intensive Aroma vieler Kräuter vertreibt Schädlinge aus dem Gemüsebeet. Diesen positiven Effekt nutzt man in der Mischkultur.*

## Kräuter und Gemüse

Einige asiatische Vertreter der Kräuterkunde, wie Basilikum oder Koriander, fallen durch ihr intensives und markantes Aroma auf. Sie haben dadurch eine besondere Wirkung auf Nachbarpflanzen. Einerseits beeinflussen sie den Geschmack und Duft ihrer Umgebung, andererseits verhindern sie einen übermäßigen Schädlingsbefall. Besonders bei Biogärtnern ist dieser natürliche und vorbeugende Schädlingsschutz gleichermaßen bekannt und beliebt. Hervorgerufen wird diese Wechselwirkung zwischen manchen Kräuter- und Gemüsearten durch intensive Aromen und andere Stoffe, die über die Wurzeln in den Boden abgegeben werden. Benachbartes Gemüse und Nutzpflanzen werden durch diese Stoffe beeinflusst und nehmen sie teilweise auf. Durch die für uns kaum spürbaren Veränderungen im Gemüse werden jedoch Schadinsekten fern gehalten. Gute Erfahrungen hat man bei der Mischkultur von Basilikum mit Gurken, Kohlrabi, Schwarzwurzeln, Tomaten und Zwiebeln sowie bei Koriander mit Kartoffeln, Gurken, Tomaten und verschiedenen Kohlarten gemacht. Die Salat-Chrysantheme ergänzt sich gut mit Petersilie. Das Aroma beider Pflanzen ähnelt sich und sie wirken zudem gemeinsam sehr dekorativ.

Viele andere asiatische Kräuter sind erst vor wenigen Jahren ins Blickfeld der Kräutergärtner geraten, sodass noch nicht alle Nachbarschaftswirkungen erforscht wurden.

**Profi Tipp von mein schöner Garten**

Werden Kräuter und Gemüse miteinander kombiniert, entstehen positive Nachbarschaftswirkungen. Sie reduzieren die Gefahr eines Schädlingsbefalls. Diese vorbeugende und nützliche Kulturweise macht man sich vor allem im Biogarten zu Nutze.

## Aromapflanzen mitten im Ziergarten

Unter den asiatischen Kräutern gibt es einige Vertreter, die sich sehr gut mit Stauden und Sommerblumen kombinieren lassen. Sie zeichnen sich nicht nur durch besondere Aromen aus, sondern auch durch den Zierwert ihrer Blätter und Blüten. Die Salat-Chrysantheme (*Chrysanthemum coronarium*) oder der Rotwurzel-Salbei (*Salvia miltiorhiza*) entwickeln

wunderschöne Blüten, die ein Blumenbeet bereichern sowie Bienen und Schmetterlinge anlocken. Das Chinesische Helmkraut (*Scutellaria baicalensis*) ist eine bislang noch unentdeckte, wunderschöne Zierstaude. Die blauen Blüten lassen sich sogar als Schnittblumen verwenden. Andere Kräuter, wie zum Beispiel die Schwarznessel (*Perilla frutescens*), fallen durch ihr dunkles Laub auf und lassen sich sehr gut als Strukturpflanzen einsetzen. Ähnliche Effekte erzielt man mit dunkellaubigen Basilikumsorten (*Ocimum basilicum* 'Rubrum'). Nachteilig ist, dass sie nur einjährig sind und somit jährlich ersetzt werden müssen.
Anders sieht es bei dem Chinesischen Gewürzstrauch (*Elsholtzia stauntonii*) oder dem Chinesischen Mönchspfeffer (*Vitex heterophylla*) aus. Diese Halbgehölze sind ausdauernd und entwickeln im Herbst wunderschöne Blüten. Zudem verfärben sich bei beiden Pflanzen die Blätter in interessante gelbrote bis rote Farbtöne.

*Dass Nutzpflanzen auch schmücken können, beweist die Salat-Chrysantheme.*

*Den Chinesischen Gewürzstrauch findet man schon länger im Staudengarten. Kurz nach dem rosa Herbstflor färbt sich die dekorative Gartenpflanze herrlich rot ein.*

# Asiatischer Kübelgarten

Was tun, wenn nur ein Balkon oder eine Terrasse vorhanden ist? Die Lösung ist ein Kübelgarten, in dem man fernöstliche Pflanzen mit mediterranen Kräutern kombinieren kann. Für einen Kübelgarten eignen sich insbesondere wärmeliebende Pflanzen. Voraussetzung hierfür ist ein frostfreies Winterquartier, in dem diese Pflanzen ihre Ruhezeit während des Winters verbringen können.

## Duftkulisse auf der Kräuterterrasse

Zu empfehlen sind Pflanzen, die neben ihrem Heil- oder Würzwert auch dekorativ sind. Beispiele sind die ausdauernde Basilikumsorte 'African Blue', ebenso Kardamom, Gardenie oder Zitronengras. Ähnlich wie die mediterranen Kräuterpflanzen werden sie zu einer duftenden Kulisse auf der Terrasse. Bei der abendlichen Taubildung oder bei Regenfällen entfaltet sich ihr Aroma besonders stark. Dies lässt sich fördern, indem mit der Sprühflasche nachgeholfen wird.

### Profi Tipp von mein schöner Garten

Terrakotta- und Keramikgefäße sind sie sehr praktisch, da sie durch ihr Eigengewicht sehr standfest und durch den gebrannten Ton atmungsaktiv sind. Die Gefahr von Wurzelübernässungen wird verringert.

## Die Pflege als Risiko

Nicht selten mangelt es am nötigen Platz, um die Kräuterleidenschaft auf dem Balkon auszuleben. Dann bleibt in der Regel nichts anderes übrig, als Kräuter in Töpfen oder Kästen zu kulti-

*Kräuter auf Balkon und Terrasse sind seit langem beliebt.*

*Kräutertreppen – ideal für kleine Balkone*

vieren. Die Anzucht im Gefäß ist allerdings nicht unbedingt optimal, da der Wurzelraum für die Pflanzen begrenzt ist.

Die größte Schwierigkeit ist jedoch die individuelle Pflege, die von den Standorteigenschaften abhängt. Durch den begrenzten Wurzelraum im Kasten wirkt sich seltenes oder zu häufiges Gießen noch schneller negativ auf die Pflanzenentwicklung aus. Besonders in trockenen Balkonlagen können Kästen an heißen Sommertagen schnell austrocknen, und die Pflanzen nehmen Schaden.

Bei der Frage, welche Pflanzen am besten in den Kasten passen, kann man eine Reihe von asiatischen Kräutern aufzählen. Erwähnenswert sind bekannte Gewürzkräuter, wie Anis, Basilikum, Koriander, Indischer Dill oder Schwarzkümmel. Es empfiehlt sich generell, Kräuter mit geringeren Wuchshöhen für die Kastenkultur zu wählen. Hohe Kräuter können durch Wind in oberen Stockwerken gebeutelt und beschädigt werden.

## Sicherheit vor Absturz

Zu beachten ist jedenfalls, unabhängig welche Kräuter auf dem Balkonsims angebaut werden, dass die Kästen oder Töpfe so gesichert werden, dass sie nicht herunterfallen können.

## Ton oder Kunststoff

Für eine ausgewogene Optik sorgen auf größeren Terrassen rustikale Terrakottakübel. Im Gegensatz zu Kunststofftöpfen, sind Tongefäße wasserdurchlässig, sodass die Gefahr von Übernässungen geringer ist. Im Gewicht sind sie hingegen deutlich schwerer und im Preis vergleichsweise teurer.

## Das richtige Pflanzsubstrat

Gefüllt werden die Gefäße mit einem Gemisch aus Blumen- oder Kübelpflanzenerde und Sand oder einem anderem Dränagematerial. Durch das Zumischen von grobem Sand wird die Porosität des Bodens erhöht. Man verhindert so, dass es bei zu starkem Gießen zu Staunässe und vorschneller Wurzelfäulnis kommt. Zusätzliche Dränage schafft eine Schicht aus Tonscherben oder Blähton am Topfboden. Diese schützt das Ablaufloch vor Verstopfen durch feines Substrat.

*Die einjährige Schwarznessel* (Perilla) *lässt sich als dekorative Kübelpflanze halten.*

# Asia-Kräuter auf der Fensterbank

Wer möchte schon bei Regenwetter in den matschigen Garten, um frische Kräuter zu ernten. Um den Schlammfüßen zu entgehen und den Erntezeitraum zu verlängern, können einige der schnell wachsenden Küchenkräuter auch auf der Fensterbank angebaut werden.

## Aussaat in Töpfe und Kästen

Für die Kultur auf der Fensterbank werden kleine Töpfe oder Kästen mit einem gängigen nährstoffarmen Topfsubstrat gefüllt. Die Oberfläche wird etwas festgedrückt und mit Wasser befeuchtet. Anschließend wird pro Töpfchen eine Kräuterart ausgesät. Hierzu werden die Samen locker in ausreichendem Abstand auf dem Substrat verteilt. Durch intensive Sonnenstrahlung oder Heizungsluft können die Samen jedoch rasch austrocknen. Das leichte Übersieben mit Erde oder Sand verhindert das Austrocknen und erleichtert den Keimstart.
Stehen auflaufende Sämlinge zu dicht, sollten einige von ihnen herausgezogen werden. Diese kann man abwaschen und als Sprossen verwenden. Sobald die Sämlinge ihre Keimblätter voll ausgebildet haben, werden sie schwach gedüngt. Bereits einige Wochen nach der Aussaat kann bei guter Pflege die erste Kräuterernte vorgenommen werden.

*Kressekeimlinge sind vitaminreiche Sprossen.*

*Viele Kräuter lassen sich auch auf der Fensterbank kultivieren.*

## Teilungspflanzen auf der Fensterbank

Werden im zeitigen Frühjahr Kräuterhorste geteilt, lassen sich einige kleine Teilungsstücke in Töpfe einsetzen und auf der Fensterbank halten. Für die Wurzel- und Pflanzenteile sollte ein Gefäß ausgewählt werden, das ausreichend Platz bietet. Der Topfboden wird mit einer flachen Schicht Substrat bedeckt. Anschließend setzt man das Teilungsstück des Krautes ein. Wichtig dabei ist, dass es nicht tiefer als im Garten eingepflanzt wird, da sonst die „Augen" nicht austreiben können. Alle Lücken und Löcher sind mit Substrat zu verschließen. Zu guter Letzt darf das Angießen nicht vergessen werden.

# Praxis

# Einkauf & Pflanzenqualität

*Auf Bauern- und Pflanzenmärkten bieten spezialisierte Kräutergärtnereien ihr Sortiment an. Neben den Pflanzen erhält man Ratschläge vom Fachmann.*

## Botanischer Bummel durch die Kräutergärtnerei

Obwohl asiatische Kräuter immer beliebter werden, ist es dennoch nicht ganz einfach, an diese Pflanzen heranzukommen. Abgesehen von bekannten Pflanzen, wie Basilikum, Koriander oder auch Zitronengras, findet man vorrangig in spezialisierten Kräutergärtnereien eine breite Auswahl. Die meisten dieser Gärtnereien verfügen über informative Kataloge, in denen man sich über das Sortimentsangebot informieren kann. In der Regel sind die Kataloge gegen eine Schutzgebühr anzufordern. Eine Alternative bietet das Internet. Die namhaften Kräutergärtnereien bieten in Online-Shops ihre Pflanzen mit detaillierten Beschreibungen an (siehe Adressen S. 44). Echte Enthusiasten beschränken sich aber nicht nur auf Kataloge, sondern informieren sich persönlich vor Ort. Ein Ausflug in diese Unternehmen lohnt sicher, da man dort ausführlich über die Pflege und Verwendung der Kräuter beraten wird und sich von der Vielzahl der verschiedenen Aromapflanzen aus aller Welt begeistern lassen kann.

### Profi Tipp von mein schöner Garten

Zeigen sich in feuchtwarmen Jahren Blattläuse an den Pflanzen, so ist das zwar nicht günstig, aber auch nicht qualitätsmindernd. Pflanzen sind lebende Produkte, die leider auch Schädlingen schmecken. Skeptischer sollte man bei „perfekten" Pflanzen sein – sie haben in der Regel viel Chemie getankt.

## Die richtige Pflanzenqualität

Um Kräuter im Garten genießen zu können, ist die Qualität beim Einkauf eine wichtige Voraussetzung. Durch den Einfluss großer Gartencenter verbindet man Qualität mit der Pflanzengröße. Hierbei handelt es sich um ein optisches Merkmal, das aber nicht unbedingt etwas mit Qualität zu tun haben muss. Pflanzen, die übermäßig groß sind und große Abstände zwischen den Blattachseln haben, stammen in der Regel aus Warmhäusern und sind mit Dünger zu Höchstleistungen getrieben worden. In den Garten gepflanzt, reagieren sie relativ anfällig auf Umwelteinflüsse (beispielsweise kalte Niederschläge) sowie Krankheiten und Schädlinge. Innere Pflanzenqualität und Robustheit sieht man den Pflanzen nicht sofort an. Grundsätzlich sollten sie gesund wirken und keine Blattverfärbungen zeigen. Topft man sie um, sollte ein gut durchwurzelter Ballen zu erkennen ein. Auch die richtige botanische Bezeichnung ist ein Qualitätsmerkmal. Besonders im Internet tauchen selbst ernannte Kräuterkenner auf, deren Pflanzennamen sehr fragwürdig sind.

# Die beste Lage für das Kräuterbeet

Bevor ein Kräutergarten angelegt werden kann, muss der geplante Standort ausgewählt und begutachtet werden. Nicht jede Lage eignet sich für den Kräuteranbau. Für die Planung des Kräutergartens sind sowohl die Licht- als auch die Bodenverhältnisse zu berücksichtigen.

*An sonnigen Plätzen bilden Kräuter ihre Wirkstoffe am besten aus.*

## Lichteinfluss

Die meisten Kräuter sind Sonnenanbeter. Asiatische Kräuter, die zumeist aus warmen Regionen stammen, sind besonders von der Sonne abhängig, die für die Bildung von Aromen, Vitaminen und Wirkstoffen notwendig ist. Um in unseren Breiten genügend dieser Inhaltsstoffe bilden zu können, wird deshalb ein möglichst sonniger Standort für das Kräuterbeet benötigt. Offene Süd- oder Westlagen sind zu bevorzugen. Äußere Einflüsse, beispielsweise angrenzende Häuser, Bäume oder Hecken, wirken schattierend und können das Pflanzenwachstum der Kräuter negativ beeinflussen.

## Der Boden

Je nach Region gibt es verschiedene Böden, die sich grob in leichte Sand-, tonige Lehm- und sandige Lehmböden einteilen lassen. Ausschlaggebend ist die Körnung der Bodenpartikel. Als optimal für den Kräuteranbau gelten sandige Lehmböden. Diese mittlere Bodenart kann ausreichend Wasser und Nährstoffe für die Versorgung der Pflanzen speichern.

Anders sieht es bei reinen Sand- oder Lehmböden aus. Sandböden sind sehr grobporig und besitzen kaum Speichermöglichkeiten, wodurch an heißen Sommertagen durchaus die Gefahr von Trockenschäden besteht. Eine Gegenmaßnahme stellt das Einarbeiten von Kompost oder Blumenerde dar.

Als gute Speicher lassen sich die sehr feinporigen Lehmböden bezeichnen. Die hohe Wasserhaltefähigkeit wirkt sich bei dieser Bodenart allerdings negativ aus. Mögliche Folgen sind Übernässung und Wurzelfäulnis. Lehmböden lassen sich durch Einarbeiten von Sand oder grobkörnigem Kies verbessern.



1

*An fünf bis zehn Stellen werden Bodenproben gezogen.*

2

*Die einzelnen Proben werden in einem Eimer vermischt.*

3

*Etwa 250 g der Mischprobe wird in ein Labor geschickt.*

# Alles fängt im Boden an

Ist der Standort auserkoren, können die vorbereitenden Arbeiten beginnen. Hierzu zählt aber nicht nur, den Boden bepflanzbar zu machen, sondern auch die spätere Beetform zu bestimmen.
Bevor ein Spaten den Boden bearbeitet, wird die Form der Kräuterbeete abgesteckt. Der Vorteil liegt auf der Hand und schont den Rücken: Man bearbeitet nur die Flächen, die im Folgenden bepflanzt werden. Die Wege bleiben unbearbeitet und behalten so ihre Festigkeit.

*Alter Bewuchs und Unkräuter sind vor oder bei der Bodenbearbeitung zu entfernen.*

## Mit Schwung und Spaten

Jungfräuliche Flächen werden im Herbst mit dem Spaten grobschollig umgegraben. Hierbei werden Bodenschollen mittels Spaten abgestochen und umgeworfen. Sinn der Sache ist, die Grassole nach unten zu befördern. Durch Kleinlebewesen verrottet die Grasnarbe und wird zu Humus umgewandelt. Diese Arbeit sollte im Herbst erledigt werden. Der Frost im kommenden Winter sprengt die groben Bodenschollen und macht den Boden feinkrümelig, sodass er im Frühjahr nur noch eingeebnet werden muss. Im gleichen Arbeitsschritt werden Wurzelunkräuter, wie Brennnesseln, Giersch oder Quecke, entfernt. Obwohl das ständige Bücken sehr mühsam ist, sollte die Unkrautentfernung möglichst gründlich durchgeführt werden. Bereits kleine Wurzelstücke können nach Verbleib in der Erde wieder zum wuchernden Problem werden.

*Ganze Schollen werden beim Umgraben mit dem Spaten umgeworfen, der Boden wird gelockert.*

## Der letzte Schliff

Sobald die Frühlingssonne den Frost aus dem Boden vertreibt, werden die letzten Bodenarbeiten vor der Pflanzung vorgenommen. Zur Bodenverbesserung wird erst jetzt im Frühjahr abgelagerter Kompost oder Mist eingegraben. Dadurch verhindert man, dass mobile Nährelemente über den Winter ausgewaschen werden. Nach der Einarbeitung der Bodenverbesserer sollte man mit der Pflanzung drei bis vier Wochen warten. Diese Zeit nutzt die Bodenfauna, um wieder ins Gleichgewicht zu kommen. Kurz vor der Pflanzung wird das vorbereitete Beet mit einem Rechen eingeebnet und pflanzfertig gemacht.

# Die Pflanzung

Die Beete sind vorbereitet und die Kräuter eingekauft – jetzt kann endlich mit der Pflanzung begonnen werden. Obwohl das Einpflanzen als einfach gilt, kann man mit einigen Tricks das Anwurzeln der Kräuter noch beschleunigen.

## Pflanzen positionieren

Bevor die Kräuter in die Erde gebracht werden, positioniert man sie an ihrem späteren Pflanzplatz. Durch die Anordnung an Ort und Stelle wird die Gestaltung jetzt festgelegt. Dabei sind die Standortansprüche und Wuchsgrößen zu beachten. Kleinwüchsige Pflanzen sollten auf keinen Fall zwischen hochwachsende Exemplare gepflanzt werden. Sie würden zu sehr schattiert und damit verkümmern.

## Das Einpflanzen

Wirken die Topfballen trocken, empfiehlt es sich, die Töpfe vor dem Einpflanzen in einem Wasserbad zu tauchen. Die Töpfe verbleiben so lange im Wasser, bis keine Luftblasen mehr aus dem Wurzelballen aufsteigen.

Mit einer Pflanzschaufel werden die Löcher ausgehoben, die etwas größer als der Topfballen sein sollten. Anschließend werden die Kräuter ausgetopft. Um das Anwachsen zu fördern, werden stark durchwurzelte Ballen mit einer Kralle leicht angerissen. Die kleinen Wurzelverletzungen schaden der Pflanze nicht. Ganz im Gegenteil, sie regen sogar eine stärkere Bildung neuer Feinwurzeln an. Die Kräuter werden anschließend nur so tief in das Pflanzloch gesetzt, dass die Ballenoberflächen auf gleicher Höhe mit der Bodenoberfläche sind. Offene Zwischenräume werden mit Erde verfüllt und mit den Händen festgedrückt.

Nach Beendigung der Pflanzarbeiten darf das Angießen nicht vergessen werden. Trockenheit in der Anwachsphase kann Wachstumsstockungen und Pflanzenschäden zur Folge haben.

*Vor dem Einpflanzen werden die Kräuter an ihrer späteren Pflanzstelle positioniert.*

*Stehen die Kräuter am richtigen Platz, werden sie samt Namensschild eingepflanzt.*

# Die Kräuterpflege

*Düngen und Gießen zählen zu den regelmäßigen Pflegearbeiten, die eine Voraussetzung für gesundes Pflanzenwachstum sind.*

Überlässt man Kräuter sich selbst, entsteht schnell ein Durcheinander im Kräutergarten. Mangelnde Pflege führt beispielsweise dazu, dass schnell wachsende Pflanzen ihre Nachbarn überwuchern oder bei Trockenheit Hitzeschäden entstehen.

### Richtig gießen ist mehr als nur wässern

Viele asiatische Kräuter kommen aus warmen Regionen und gelten als regelrechte Sonnenanbeter. Aber im Gegensatz zu mediterranen Kräutern vertragen sie aufgrund ihrer tropischen beziehungsweise subtropischen Herkunft kaum Trockenheit. Besonders an heißen Sommertagen ist künstliche Wasserzufuhr unentbehrlich. Gegossen wird am besten in den Morgenstunden. Die Pflanzen sind noch von der Nacht kühl und können das Wasser gut aufnehmen. Gießen in den Abendstunden ist ebenfalls möglich, allerdings lockt man durch die Feuchtigkeit Schnecken an.
Das Gießen während der Mittagsstunden sollte vermieden werden. Wassertropfen auf der Blattoberseite wirken unter der Sonnenstrahlung wie eine Lupe und es kommt zu Verbrennungen auf dem Blatt.

Zum Gießen empfiehlt sich die Verwendung einer Brause. Sie macht den Wasserstrahl weich, sodass das Gießwasser besser in den Boden eindringen kann.

### Düngung

Bei Kräutern gilt im Allgemeinen, dass sie nur selten gedüngt werden müssen. Je mehr Dünger einer Pflanze angeboten wird, umso mehr Energie steckt sie in ihr Wachstum und umso weniger Aroma- und Wirkstoffe werden gebildet. Da es aber bei Kräutern auf die Inhaltsstoffe ankommt, sollte man bedächtig mit Nährstoffen umgehen.
Nutzpflanzen sind im Frühjahr zu düngen. Sie haben dann noch genügend Zeit, die Nährstoffe zu verarbeiten. Verwenden kann man entweder mineralische oder organische Dünger. Mineraldünger kann man genau dosieren und sie wirken bereits nach kurzer Zeit. Organische Dünger, wie Hornspäne oder Kompost, werden von Mikroorganismen verarbeitet und setzen erst nach einiger Zeit die Nährstoffe frei. Echte Biogärtner vertrauen nur auf organische Düngeformen.

# Pflanzenschutz

Auch Pflanzenkrankheiten und Schädlinge gehören zum Leben der Kräuter. Zwar gibt es Möglichkeiten zur Vorbeugung, aber vollkommen befallsfrei wird man kaum eine Pflanze kultivieren können.

## Pflanzenkrankheiten

Ähnlich wie wir Menschen können Pflanzen auch von Viren, Bakterien und Pilzen befallen werden. Viren und Bakterien kommen so selten vor, dass sie hier nicht erwähnt werden müssen. Ganz anders sieht es mit Pilzkrankheiten aus. Ein typisches Beispiel ist die Welkekrankheit bei Basilikum. Nach starkem Gießen beginnt die Pflanze, die Blätter hängen zu lassen. Dieses Symptom weist auf einen Welkepilz hin, der die Pflanze bereits befallen hat. Mehltau, der sich mit einem weißen Belag bemerkbar macht, und Rost, der durch orangerote Pusteln auffällt, sind weitere Pilzkrankheiten an Kräutern. Die befallenen Pflanzenteile sind nicht mehr zu verwerten. Vom Einsatz chemischer Präparate ist jedoch abzuraten. Die Pflanzen nehmen diese Pflanzenschutzmittel auf und der erneute Austrieb könnte diese Stoffe bei der Ernte noch beinhalten. Die beste Möglichkeit ist der vollständige Rückschnitt dieser Pflanzenteile und die Entsorgung im Hausmüll (nicht auf dem Kompost).

*Junge Blätter und Triebe stehen bei den Schnecken ganz oben auf der Speisekarte.*

*Marienkäfer und andere Nützlinge helfen einen Schädlingsbefall in Grenzen zu halten.*

## Schädlinge

Bei Schädlingen handelt es sich in den meisten Fällen um kleine Insekten, die durch ihre Aktivitäten Pflanzen parasitieren. Bekannteste Vertreter sind die Blattläuse und die Milben. Sie saugen den Saft aus den Blättern und hinterlassen helle Flecken. Größere Schädlinge, wie Raupen, Käfer oder Schnecken, verursachen große Fraßschäden an den Blättern. Die Forschung hat es jedoch geschafft, ökologische Gegenmittel zu entwickeln. Sie hinterlassen im Gegensatz zu chemischen Präparaten keine Rückstände in den Pflanzen und schädigen die Umwelt nicht. Welches Mittel für die eigene Verwendung am günstigsten ist, erfährt man besten bei einer Beratung im Fachhandel.

## Vorbeugung mit Hausmitteln

Um Krankheiten oder Schädlingen vorzubeugen, stellen ambitionierte Kräutergärtner eigene Brühen und Jauchen her. Die Basis bilden Wildkräuter, wie zum Beispiel Beinwell, Brennnesseln, Rainfarn oder Wurmfarn. Etwa 1 kg frisch geerntetes Schnittgut lässt man in 10 l Wasser zwei bis vier Wochen gären. In dieser Zeit werden die Wirkstoffe herausgelöst. Die übel riechende Jauche wird für die Kräuter verträglicher, wenn sie mit Wasser verdünnt (1:20) wird. Diese Mixtur wirkt einerseits pflanzenstärkend und verringert die Gefahr eines Krankheitsbefalles, andererseits hilft sie auch bei der Bekämpfung von Schädlingen.

# Rückschnitt

Viele Gartenbesitzer sehen den Rückschnitt als rabiate Methode der Gartenpflege. Was die wenigsten jedoch wissen: Diese Schnittmaßnahmen sind in Maßen sogar gesundheitsfördernd.

## Schnitte gegen Krankheiten

Es gehört zum ganz normalen Kräutergarten, dass Pflanzen insbesondere bei feuchtwarmer Witterung von Krankheiten und Schädlingen befallen werden. Statt gleich zu chemischen Präparaten zu greifen, können diese Pflanzenteile mit einer Gartenschere abgeschnitten und im Müll entsorgt werden. Man entsorgt auf diese Weise größere Befallsherde. Auch wenn der eigene Kompost als Entsorgungsstätte vielleicht günstiger zu sein scheint, können sich die Krankheitserreger wiederum von dort aus neu im Kräutergarten vermehren.

Beim Rückschnitt sollte man behutsam vorgehen. Schüttelbewegungen befördern Pilzsporen in die Luft, die sofort zu einer weiteren Verbreitung führen. Ähnlich kann man bei Blattläusen vorgehen. Sie befallen zumeist nur junge, saftige Sprossspitzen. Durch den Rückschnitt werden sie einfach mit dem Müll aus dem Garten entsorgt.

*Wird der Vietnamesische Koriander regelmäßig zurückgeschnitten, kann mehrmals geerntet werden.*

*Die Blüten der Chinesischen Kamminze kann man auch als Schnittblumen verwenden.*

## Mehr Erträge durch Rückschnitt

Was sich zuerst paradox anhört, fördert wirklich mehr Erträge bei Blatternten. Bis zur Blütenbildung reichern die Kräuter Vitamine, Mineral- und Wirkstoffe an, die während der Blütezeit für die Samenbildung umgewandelt und verbraucht werden. Der Rückschnitt von Blütentrieben und Knospen bewirkt, dass die Kräuter einen neuen Austrieb und neue Blätter bilden. Die abgeschnittenen Pflanzenteile müssen nicht weggeworfen werden, sondern können als Erntegut in der Küche verwendet werden.

Behutsam sollte man jedoch mit dem Schnitt bei verholzenden Kräutern sein. Zu tiefe Rückschnitte ins Holz schädigen die Pflanzen und können den erneuten Austrieb verhindern.

# Überwinterung

Von mediterranen Kräutern kennt man deren Frostempfindlichkeit. Nicht anders sieht es bei den meisten asiatischen Kräutern aus. Aufgrund ihrer Herkunft sollten wärmeliebende Kräuter im Herbst ins frostfreie Winterquartier geholt werden. Auch unempfindlichen Kräutern sollte etwas Schutz geboten werden.

*Empfindliche Kräuter werden an einem kühlen, hellen Platz überwintert.*

## Vorbereitung auf dem Beet

Sobald sich die Temperaturen im Herbst dem Gefrierpunkt nähern, sollte dringend begonnen werden, die Pflanzen für den Winter vorzubereiten. Trotz ihrer Robustheit empfiehlt es sich, frostharte Kräuter mit einem Winterschutz zu versehen. Schließlich weiß man im Voraus nicht, wie hart die kalte Jahreszeit werden wird. Als Winterschutz wird immer noch Laub empfohlen. Das Laub erfüllt jedoch nur seinen Zweck, wenn es mit einer Folie abgedeckt wird und trocken bleibt. Nasses Laub wirkt mulchend und erstickt mehr die Pflanzen, als dass es schützt. Die bessere Alternative ist Reisig. Die Tannenzweige schützen die Kräuter mit einem lockeren Luftpolster. Nach dem Winter schattiert das Reisig die Pflanzen und schützt vor vorzeitigem Austrieb.

*Das Zitronengras bevorzugt nach einem Rückschnitt im Herbst ein feuchtwarmes Winterquartier.*



## Die Einwinterung

Die empfindlichen Vertreter müssen jedoch in unseren Breiten ins Haus. Hat man die Gewürzkräuter im Frühjahr in den Garten gesetzt, müssen sie nun ausgegraben und in Töpfe eingepflanzt werden. Im Winterquartier herrscht in der Regel arger Platzmangel. Deshalb ist zu empfehlen, große Exemplare zurückzuschneiden. Als Quartier eignen sich helle, kühle Räume. Während des Winter sollte der Raum regelmäßig gelüftet werden. Durch die Pflanzenatmung würde ohne Lüftung eine hohe Luftfeuchte entstehen, die sowohl Schädlinge anlockt als auch das Mauerwerk schädigen kann.

Auf Düngungen sollte gänzlich verzichtet werden. Das Gießen ist auf ein Minimum zu reduzieren. Durch den Lichtmangel können die überwinternden Kräuter zu viel Wasser vergleichsweise schlecht verarbeiten, wodurch Wurzelfäulnis entstehen kann.

# Vermehrung asiatischer Kräuter

Die Pflanzenvermehrung ist eine günstige Art, mehr aus seinem Kräutergarten zu machen. Samen sind oft preiswerter in der Anschaffung. Manche Kräuter werden auch nur selten als Pflanzen angeboten. Dann bleibt die eigene Anzucht oft unausweichlich.

## Vermehrungsarten asiatischer Kräuter

| Vermehrungsart | Kräuter |
|---|---|
| Aussaat | Anis, Basilikum, Dill, Koriander, Salat-Chrysantheme |
| Stecklinge | Basilikum, Chinesische Minze, Chinesischer Gewürzstrauch |
| Teilung | Kardamom, Ingwer, Chinesisches Helmkraut, Zitronengras, Minze |

## Anzucht aus Samen

Die bekannteste Methode der Pflanzenvermehrung ist die Aussaat. Samen asiatischer Kräuter erhält man im gut sortierten Fachhandel. Bei ausgefalleneren Wünschen empfiehlt sich die Suche bei Kräutergärtnereien im Internet.

Bis auf wenige Ausnahmen wird die Aussaat im zeitigen Frühjahr vorgenommen. Vor dem Aussäen sind noch einige Vorbereitungen notwendig. Saubere Saatschalen müssen mit gut durchlässiger Aussaaterde gefüllt und befeuchtet werden. Die Samen werden gleichmäßig auf das Substrat verteilt. Um ein Vermoosen zu verhindern, können die Samen mit feinem Sand dünn übersiebt werden. Anschließend ist das Aussaatgefäß vorsichtig zu überbrausen. Als Standort für die Keimung wählt man einen hellen Platz mit Temperaturen zwischen 18 und 20 °C. In der kommenden Zeit ist es besonders wichtig, dass die Samen nicht austrocknen, da diese sonst nicht mehr keimfähig sind. Laufen die ersten Sämlinge auf, sollte auf ausreichenden Luftwechsel geachtet werden. Feuchtwarmes Klima fördert die Gefahr von Pilzkrankheiten. Sämlinge mit ausgeprägten Keimblättern werden durch Pikieren (Vereinzeln) in ein anderes Pflanzgefäß mit größeren Pflanzabständen umgesetzt.



## Aussaat und Vereinzeln von Kräutern

*Samen locker in Saatgefäß aussäen*

*Aussaat leicht mit Erde übersieben*

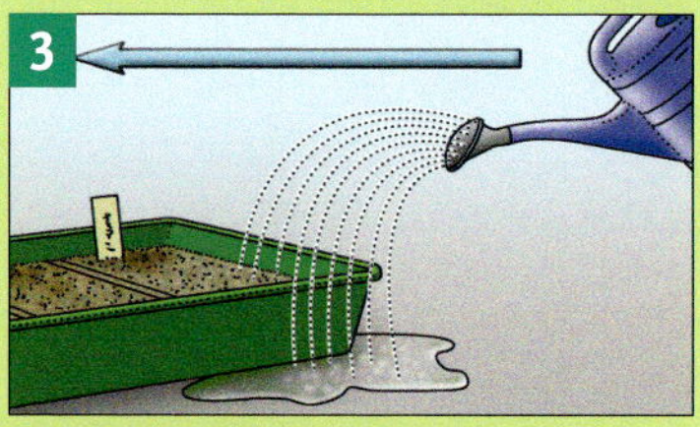


*Gefäß vorsichtig überbrausen*

*Keimung nach wenigen Wochen*

*Gut entwickelte Keimlinge vereinzeln*

*Jungpflanzen in Töpfe umpflanzen*

*Für die Stecklingsvermehrung werden die Triebspitzen nach dem vierten Blattpaar geschnitten.*

## Stecklinge unter die Haube

Eine andere Methode ist die Stecklingsvermehrung. Sie kommt dann zum Einsatz, wenn Kräuter nicht durch Samen vermehrt werden können. Hierzu gehören Sorten oder Züchtungen sowie schlecht samenbildende Pflanzen. Bei diesen Kräutern werden die Sprossspitzen mit vier bis fünf Blattpaaren abgeschnitten. Die Schnittstelle wird mit Bewurzlungs- oder Kohlepulver benetzt. Diese Stecklinge werden in ein vorbereitetes Vermehrungsgefäß gesteckt. Als Substrat eignet sich Aussaaterde, die mit einem Drittel Sand gestreckt wird. Der Sand wirkt dränierend, sodass der junge Steckling keiner Übernässung ausgesetzt wird. Nachdem alle Stecklinge im Substrat versenkt sind, wird angegossen und das Gefäß mit einer Folienhaube abgedeckt. Wenn man nur einen Blumentopf verwendet, kann als Haube auch eine durchsichtige Folientüte dienen. Sie bewirkt, dass die Stecklinge einer hohen Luftfeuchte ausgesetzt sind und dadurch schneller Wurzeln bilden. Nach zwei bis vier Wochen sind die Stecklinge im Normalfall bewurzelt und können in einen anderen Topf umgepflanzt werden. Sobald sich die Jungpflanzen stabilisiert haben, können sie in den Garten gepflanzt werden.

### Profi Tipp von mein schöner Garten

Sorten und Züchtungen sowie Kräuter, die kaum Samen bilden, werden über Stecklinge vermehrt. Die Nachkommen entsprechen zu 100 Prozent den Mutterpflanzen. Eine positive Nebenwirkung ist, dass man durch diese Vermehrung die Mutterpflanze vital hält.

## Grosse Pflanzen zum Teilen

Eine andere Vermehrungsart ist die Teilung. Hierbei werden Pflanzen zerteilt, die nicht verholzen, sondern aus dem Wurzelbereich austreiben. Gute Beispiele sind rhizombildende Stauden, zu denen Ingwer, Kardamom und auch die Minzen zählen.

Dieser Arbeitsgang dient jedoch nicht nur der Vermehrung. Pflanzen wachsen nicht unendlich, sondern werden nach gewisser Zeit altersmüde und anfällig für Krankheiten. Ähnlich wie der Rückschnitt wirkt auch das Teilen verjüngend auf die Pflanze .

Die Teilung wird entweder in den Frühjahrs- oder Herbstmonaten durchgeführt. Die Pflanzen werden ausgegraben oder aus dem Kübel genommen. Von großen Ballen wird die Erde etwas entfernt. Anschließend teilt man den Ballen je nach Größe mit der Hand, dem Messer oder Spaten. An jedem Stück sollten ausreichend Wurzeln verbleiben, damit die Pflanze auch wieder anwachsen kann. Grüne Sprossteile werden zurückgeschnitten. Die Ballenteile werden an vorbereiteten Stellen oder in Kübeln wieder in die Erde eingelassen und angegossen.

*Große Pflanzenhorste lassen sich vorsichtig mit einem Spaten teilen.*

# Ernte und Haltbarmachung

Kräuter baut man nicht nur an, weil sie schön sind, sondern vorrangig, um sie zu ernten. Auch wenn das Ernten einfach aussieht, sollte man einige Kleinigkeiten beachten.

## Das Ernten von Blättern

Die Blätter sind das häufigste Erntegut. Viele Pflanzen speichern in den grünen Blattteilen Mineralstoffe, Vitamine oder medizinische Wirkstoffe. Im Laufe des Jahres verändern sich diese Stoffe in der Pflanze. Diese Veränderung kommt durch die Kraft der Sonne und das natürliche Wachstum der Kräuter zustande. Bis zur Blüte steigt der Gehalt der Inhaltsstoffe. Anschließend verwendet die Pflanze diese Stoffe für die Blüten- und Samenbildung. Aus diesem Grund wird ein Ernten kurz vor dem Blühbeginn empfohlen. Mit einer scharfen Schere werden entweder die Blätter oder ganze Sprosse abgeschnitten. Von Krankheiten oder Schädlingen befallene Pflanzenteile sind nicht zu verwenden. Sie werden aussortiert und entsorgt.

## Samenernte

Blüten werden nur selten an asiatischen Kräutern geerntet, häufiger werden die Samen verwendet. Ist die

*In zerkleinerter Form lassen sich getrocknete Blätter oder Sprosse besser verarbeiten.*

*Getrocknete Samen sind vergleichsweise lange haltbar.*

Fruchtreife erreicht, werden beispielsweise Dill, Kardamom oder Kerbel beerntet. Die Reife erkennt man daran, dass sich die Samen mit der Hand leicht aus dem Fruchtstand lösen lassen.
Der ideale Zeitpunkt sind die Mittagsstunden an trockenen Tagen. Zu dieser Zeit sind die Samen am trockensten. Bevor die Samen in Keramikgefäße eingelagert werden, müssen sie von Resten des Fruchtstandes gesäubert werden.

## Wurzelernte

Ähnlich wie die Samen stellen die Wurzeln Speicherorgane der Pflanzen dar. Um beispielsweise an die Ingwerwurzeln heranzukommen, werden sie in der Ruhezeit ab Herbst ausgegraben. Der Wurzelstock wird anschließend mit Wasser von noch anhaftenden Erdpartikeln gesäubert. Sobald das Wasser getrocknet ist, kann das Erntegut weiterverarbeitet werden.

## Trocknen von Heilkräutern

Werden die geernteten Kräuter nicht konserviert, verderben sie nach kurzer Zeit. Zum Haltbarmachen gibt es verschiedene Methoden. Eine übliche Art der Konservierung von Heilkräutern ist die Trocknung von Blättern, Blüten und Wurzeln. Die geernteten Kräuter werden von Schmutz befreit. Blätter und Blüten sollten dabei nicht mit Wasser behandelt werden. Wirkstoffe könnten beim Säubern ausgespült werden. Wurzeln lassen sich am besten mit einer Bürste reinigen.

Luftige und schattige Plätze, zum Beispiel in Gartenhäuschen oder auf Dachböden, eignen sich für die Trocknung. Wurden bei der Ernte ganze Triebe abgeschnitten, werden Bündel von ungefähr zehn Trieben kopfüber aufgehängt. Lose Blätter oder Blüten werden locker nebeneinander in Kisten oder Siebe gelegt. Luft gelangt so sowohl an die Ober- als auch Unterseiten der Kräuter. Die Trocknungszeit beträgt je nach Temperatur zwei bis vier Wochen.

Noch länger kann das Trocknen von dicken Wurzelstöcken dauern. Verkürzt wird die Zeit, indem die Wurzeln nach der Ernte längs in Scheiben geschnitten werden.

*Die Wurzeln des Ingwers werden frisch verarbeitet.*

## Konservierung asiatischer Küchenkräuter

Von asiatischen Küchenkräutern verlangt man Frische. Das Trocknen entzieht dem Kraut jedoch das Wasser und ist somit als Konservierungsmethode weniger geeignet. Die Alternative heißt Einfrieren. Frisch geerntete Kräuter werden klein geschnitten und in Einfriergefäße oder -beutel gefüllt. Diese Behälter lässt man anschließend im Gefrierschrank schockgefrieren. Auf diese Weise sind die Kräuter bis zu einem halben Jahr haltbar. Für den täglichen Gebrauch ist es vorteilhaft, wenn gleich vorgefertigte Kräutermischungen portioniert eingefroren werden. Unnötiges Auftauen und mehrfaches Einfrieren schadet nur der Kräuterqualität.

*Getrocknete Minze wird für Kräuter- und Heiltees im Winter benötigt. Die konservierten Kräuter sollten bis zum Frühjahr aufgebraucht werden.*

# Asiatische Küche

Die asiatische Küche ist bekannt für ihre Frische. Fleisch, Nudeln oder Reis werden mit frischem Gemüse und Kräutern verfeinert. Lange Zeit war es schwierig, an die fernöstlichen Kräuter zu gelangen. Die Globalisierung macht jedoch auch nicht vor den Pflanzen halt und seit einigen Jahren wird man in spezialisierten Kräutergärtnereien fündig.

## Fernöstliche Kochkunst

Asiatisch essen wird immer beliebter. Egal ob Sushi oder Wok, Gemüse und Kräuter sind für diese Speisen unverzichtbar. Im Hausgebrauch ist der Wok mittlerweile zu einem wichtigen Kochgerät geworden. Mageres Fleisch, zumeist Fisch oder Geflügel, werden gemeinsam mit Gemüse, Nudeln oder Reis gedünstet und mit Anis, Ajowan, Koriander oder Zitronengras verfeinert. Macht man seine ersten Schritte in der Asia-Küche, empfiehlt sich der Kauf eines entsprechenden Kochbuches. Der Buchhandel hält eine kaum überschaubare Breite an Büchern der exotischen Kochkunst bereit.

## Würzmischungen alias Curry

Gewürzmischungen sind in Indien sehr beliebt. Auch das hierzulande bekannte Curry ist eine Würzmischung aus über 40 verschiedenen Zutaten. Wichtige Bestandteile für Currypulver sind beispielsweise der Kurkuma- und Ingwerwurzelstock, Gewürznelken, Paprika, Kardamom und Koriander. Je nach Region und Geschmacksrichtung werden Pfeffer, Chili, Ajowan, Piment, Lorbeer oder Rosmarin beigemischt. Dem Curry sehr ähnlich, ist Garam Masala eine weitere indische Gewürzmischung für Riatas (indische Joghurtspeise), Schmor- und Gemüsegerichte. In Indonesien nutzt man für Fleischspeisen eine Mixtur namens Gado gado. Sie besteht aus verschiedenen Kräutern und Erdnüssen. Manche Mischungen sind für Europäer etwas gewöhnungsbedürftig.

**Profi Tipp von mein schöner Garten**

Mit etwas Fantasie kann man sich mit asiatischen Kräutern eigene Würzmischungen zusammenstellen. Je nach Aroma und Geschmack lassen sich Samen und getrocknete Pflanzenteile vermischen. Viele Anregungen erhält man auf Kochseiten im Internet.

*Asiatische Wok-Gerichte zeichnen sich durch ihre Frische und ihren hohen Nährwert aus.*

# Heiltraditionen Asiens

*Kräutertees haben nicht nur in Asien eine lange Tradition und besitzen heute noch einen hohen kulturellen Stellenwert.*

Die Volksmedizin ist bis heute in Asien gegenwärtig. Allen voran die Traditionelle Chinesische Medizin (TCM). Seit mehreren tausend Jahren vertrauen Mediziner den Heilstoffen der Natur. Hierbei werden die Kräuter in verschiedenen Heilmethoden verwendet und verarbeitet.

## Heil- und Kräutertees

Für Einsteiger ist der Heil- und Kräutertee wohl die einfachste Art der Therapie von Krankheiten und Leiden. Frische oder getrocknete Kräuter werden nach ihren Heilwirkungen zu Mischungen verarbeitet und mit kochendem Wasser übergossen. Einige Minuten gezogen, ist das Heißgetränk ein Mittel für viele Alltagsleiden. Der Spruch „Was nicht schmeckt, das wirkt" trifft in den meisten Fällen auch zu. Um den Geschmack der Tees zu verbessern, werden angenehm aromatische Kräuter beigemischt.

## Das Wissen der chinesischen Heilpraktiker

Kaum nachzuahmen ist das traditionelle Wissen der Heilpraktiker. Sie kennen die Wirkstoffe der Pflanzen sehr genau. Um Krankheiten zu heilen, werden homöopathische Heilmethoden durch den Einsatz der Kräuter zusätzlich verstärkt. Ein Beispiel hierfür ist die Moxibustion. Es handelt sich dabei um eine Art der Akupunktur, bei der die Nadeln in den Rauch verräuchernder Kräuter gehalten werden. Der Rauch verstärkt die Wirkung der Akupunktur.

Um den Heilungsprozess von Krankheiten zu fördern, stellen Kräuterkundler auch Aufgüsse, Tinkturen oder Wurzelabsude her.

*Bewährte Pflanzenpräparate helfen bei Alltagsleiden.*

# Pflegekalender

### Januar
- Winterschutz kontrollieren.
- Eingewinterte Kübelpflanzen auf Schädlinge überprüfen; bei zu hohen Temperaturen lüften.

### Februar
- Austreibende Pflanzen sind möglichst hell zu stellen und häufiger zu gießen.
- Saatschalen und Pflanztöpfe werden noch vor der Saison gereinigt.

### März
- Die ersten Aussaaten können auf der Fensterbank oder im Gewächshaus beginnen.
- Eingewinterte Pflanzen werden umgetopft.
- Durch steigende Temperaturen ist verstärkt auf Schädlinge im Winterquartier zu achten.
- Winterschutz im Garten entfernen, aber noch nicht entsorgen. Er sollte noch in der Nähe bleiben, bis Spätfröste nicht mehr zu erwarten sind.
- Saat- und Pflanzbeete vorbereiten.

### April
- Das Winterquartier bei starker Sonneneinstrahlung gut lüften. Die ersten Kübelpflanzen können auf die Terrasse gestellt werden. Aber Achtung, bei Frostgefahr müssen sie wieder zurück.
- Ingwer oder Kardamom teilen.
- Anis, Basilikum und Koriander können gegen Ende des Monats im Freiland ausgesät werden.
- Winterschutz im Garten entsorgen.

### Mai
- Empfindliche Kübelpflanzen ins Freie holen, bei starker Sonne schattieren, um Verbrennungen zu vermeiden.
- Eingetopfte Pflanzen düngen.
- Winterharte Kräuter einpflanzen, Beete mulchen.
- Erste Frischkräuter ernten.

### Juni
- Blätter und Sprosse von Küchenkräutern ernten.
- Unverzweigte Kräuter leicht zurückschneiden, um einen buschigen Wuchs zu fördern.
- An heißen Tagen gut wässern und möglicherweise schattieren.
- Unkraut zwischen den Kräutern entfernen.

### Juli
- Stark wachsende Pflanzen zurückschneiden.
- Blütenkräuter ernten und trocknen.
- Mulchen, Unkräuter entfernen und wässern.
- Verwelkte Blütentriebe zurückschneiden.
- Letzte Düngergaben im Kräutergarten.

### August
- Schädlingsgefahr im Kräutergarten. Schneckenfallen aufstellen, Blattläuse und andere Schädlinge mit biologischen Spritzmitteln behandeln.
- Kübelkräuter wässern und letztmalig düngen.
- Samenkräuter sind bei Fruchtreife zu ernten.

### September
- Wärmeliebende Pflanzen vor kalten Schauern und kühlen Temperaturen schützen, möglicherweise auch schon ins Winterquartier holen.
- Gartenkräuter umpflanzen oder teilen.

### Oktober
- Kübelpflanzen zurückschneiden und einräumen.
- Wurzelkräuter ausgraben und ernten.
- Winterschutz besorgen.

### November/Dezember
- Den Garten winterfest machen. Verholzende Gartenkräuter mit Reisig abdecken. Vor dem Frost noch mal gießen.
- Einjährige Kräuter auf der Fensterbank aussäen und als Sprossen ernten.

# Porträts von A bis Z

## Chinesischer Lauch

*Allium odorum*

**Herkunft:** Chinesischen Lauch könnte man fast mit dem bei uns bekannten Schnittknoblauch vergleichen. Seit fast 4000 Jahren wird er in Asien als Kulturpflanze genutzt. **Beschreibung:** Er ist in unseren Breiten ausreichend winterhart und kann problemlos in den Garten gesetzt werden. Auffallend sind der vergleichsweise hohe Wuchs (bis 50 cm) und die flachen, langen Blätter. Zerreibt man sie zwischen den Fingern, entweicht ein intensives, feines Knoblaucharoma. **Anbau & Pflege:** Wie die anderen Laucharten auch, benötigt diese chinesische Kulturform einen sonnigen Stand mit frischer, nahrhafter Erde. Leichte Düngungen im Frühjahr fördern die Pflanzenentwicklung. Vermehren lässt sich die Pflanze durch Samen und Teilung: Samen können im Spätsommer geerntet werden, größere Horste werden entweder im Herbst oder zeitigen Frühjahr geteilt. **Verwendung:** Diese Lauchart lässt sich nicht nur für asiatische Speisen, sondern auch als Würze für Hackfleisch, Käse, Kräuterquark, Salate oder Suppen verwenden. Traditionell werden die Blätter in China blanchiert.

**intensives Knoblaucharoma**

## Indischer Dill

*Anethum sowa*

**Herkunft:** In Asien, besonders den tropischen Ländern, ist dieser Dill sehr beliebt, wovon über 5000 Jahre alte Aufzeichnungen berichten. **Beschreibung:** Es handelt sich um eine einjährige Pflanze, die 20 bis 30 cm hoch wird. Nachdem das Kraut geblüht und Samen gebildet hat, stirbt es ab. Deshalb ist es notwendig, Samen für die Aussaat im Folgejahr aufzuheben. **Anbau & Pflege:** Als Standort sind ein sonniger Platz und fruchtbarer Boden zu wählen. Die Direktaussaat ist nach dem letzten Frost im April oder Mai vorzunehmen. Vorziehen lässt sich das Kraut durch Aussaat unter Glas oder auf dem Fensterbrett. Kübelkultur ist gut möglich. Die Blätter werden frisch vor der Blüte, die Samen zur Samenreife geerntet. **Verwendung:** Eng verwandt mit dem uns bekannten Dill (*A. graveolens*), wird der Indische Dill frisch für Reis- und Suppengerichte verwendet. In Indien sind die Samen ein wichtiger Bestandteil für Curry. Fein zerrieben, ist er auch ein hervorragendes Fisch- und Sushigewürz. In Asien gilt das Dill-Öl als Mittel gegen Magen- und Darmschmerzen.

**Sushi-, Reis- und Suppengewürz**

## Chinesischer Engelwurz

*Angelica polymorpha sinensis*

**Herkunft:** Der Chinesische Engelwurz ist in seiner Heimat sehr beliebt. Dort kennt man die Pflanze unter dem Namen Dong Quai. **Beschreibung:** Engelwurz ist eine zwei- bis dreijährige Pflanze, die im ersten Jahr einen Spross treibt und im zweiten Jahr blüht, Samen bildet und anschließend abstirbt. Aufgrund seiner stattlichen Wuchshöhe eignet er sich als Einzelpflanzung. **Anbau & Pflege:** Die Samen sollte man sofort nach der Ernte aussäen, da sie schnell ihre Keimfähigkeit verlieren. Voraussetzung für ein gutes Wachstum sind sonnige Plätze sowie ausreichend Bodenfeuchte und Nährstoffe. Die Ernte des Wurzelstocks wird im Herbst des zweiten Jahres vorgenommen. **Verwendung:** Wie bei unserem einheimischen Engelwurz, verwendet man die Wurzel. Medizinisch wirkt sie blutdrucksenkend, regt den Kreislauf an und kräftigt das Herz und die Leber. Präparate werden beispielsweise bei Hepatitis, Menstruationsbeschwerden und Rheuma angewandt. Im Garten macht der Engelwurz auch in Blumenbeeten und Wildpflanzungen eine gute Figur.

**Wurzelkraut mit kräftigender Wirkung**

## Salat-Chrysantheme, Shungi-ku

*Chrysanthemum coronarium*

**Herkunft:** Chrysanthemen gehören eigentlich in den Ziergarten – bis auf die Salat-Chrysantheme, in Asien Shungi-ku, hierzulande auch Goldblume genannt. **Beschreibung:** Die gefiederten Blätter der bis zu 50 cm hohen, einjährigen Nutzpflanze haben eine blassgrüne Farbe. Zierend wirken ihre weiß- oder buttergelben Blüten; sie locken Bienen und Schmetterlinge an. **Anbau & Pflege:** Recht problemlos gestaltet sich die Kultur der Salat-Chrysantheme. Ab April wird unter Glas oder ab Mai direkt ins Beet gesät. Sonnige Standorte und durchlässiger, fruchtbarer Boden sind optimal für das Wachstum. Die Blätter werden vor der Blüte geerntet. Regelmäßiges Auskneifen der Knospen bewirkt einen stetigen Neuaustrieb der Pflanze. Die Blatternte wird auf diese Weise verlängert. **Verwendung:** Das Kraut eignet sich hervorragend für die Verwendung in der Küche. Die aromatischen Blätter besitzen ein petersilienähnliches Aroma, das Rohkost, Salate und Suppen verfeinert. Die Blüten sind nicht nur schön, sondern können als Garnierung gegessen werden.

**Petersilienaroma für Rohkost und Suppen**

## Indisches Zitronenblatt, Kaffir-Limette *Citrus hystrix*

**Herkunft:** Diese Zitrusart wird in Indonesien, Indien und Südchina angebaut. **Beschreibung:** Die dunkelgrünen, glänzenden Blätter des schwach wüchsigen Busches besitzen einen angenehmen Geruch, der etwas an Parfüm erinnert. **Anbau & Pflege:** Zitrusgewächse kann man bei uns als Kübelpflanzen halten. Die ausdauernden Pflanzen werden in großen Kübeln kultiviert, die im Winter in ein helles Winterquartier (10 °C) geholt werden. Wichtig für eine gute Entwicklung ist ein sonniger Ort auf der Terrasse. Als Substrat eignet sich Kübelpflanzenerde, die mit Sand oder anderen Dränagematerialien verbessert wird. Regelmäßiges Verabreichen eines Volldüngers bis zum Hochsommer sichert die Nährstoffversorgung. **Verwendung:** Getrocknet besitzen die Blätter einen säuerlich zitronigen Geschmack, der Fleischspeisen und indonesische Würzmischungen abrundet. Die Früchte sind in der indonesischen und thailändischen Küche sehr beliebt. Dort werden sie sogar mit der Schale verarbeitet. Leider werden diese in unseren Breiten nur unzureichend ausgebildet.

**Kübelpflanze mit Aroma**

## Koriander *Coriandrum sativum*

**Herkunft:** Eines der bekanntesten Kräuter Asiens ist der Koriander. Er gehört zu den ältesten überlieferten Gewürzpflanzen unserer Erde. Im alten Ägypten galt das Kraut als Aphrodisiakum. **Beschreibung:** Koriander gehört zu den einjährigen Kräutern. Dem aromatischen Spross (bis 50 cm hoch) folgen im Sommer weiße Blütendolden. **Anbau & Pflege:** Samen werden ab April unter Glas oder ab Mai direkt ins Freiland gesät. Der Anbau erfolgt an einem sonnigen Standort in gut fruchtbarem Boden. Geerntet werden die Samen zur Fruchtreife. Einige von ihnen sollten für die Aussaat im nächsten Jahr aufgehoben werden. Düngungen sollten nur sparsam verabreicht werden. **Verwendung:** Nicht von jedem wegen ihres wanzenähnlichen Geruches gemocht, verfeinern die Samen viele Speisen. Der würzig-süßliche Geschmack würzt Brot, Wurst und ist auch Bestandteil von Currypulver. Selbst in der Spirituosenindustrie kennt man das Kraut. Auch die Blätter lassen sich verwenden. In Russland kennt man sie unter der Bezeichnung „Cilantro“. Koriander wirkt magenstärkend.

**würzig-süßliche Samen**

## Japanische Petersilie, Mitsuba

*Cryptotaenia japonica*

**Herkunft:** In den letzten Jahren erfreut sich die Japanische Petersilie unter dem Namen „Mitsuba" steigender Beliebtheit. **Beschreibung:** Sie nennt sich zwar Petersilie, hat aber botanisch nichts damit zu tun. Das ausdauernde Kraut wird 40 bis 60 cm hoch. Im Gegensatz zu den unauffälligen Blütendolden fallen seine sattgrünen, dreiteiligen Blätter auf. **Anbau & Pflege:** Die Japanische Petersilie ist etwas empfindlich in der Kultur. Sie bevorzugt leicht schattige Standorte mit feuchten Böden. In Kräuterspiralen sollte man den unteren Bereich neben Engelwurz, Liebstock oder Schnittlauch wählen. Obwohl das Kraut ausdauernd und bedingt frosthart ist, sollte man ihm einen Winterschutz aus Reisig geben. **Verwendung:** Die dreiteiligen Blätter besitzen einen sellerieartigen Geschmack, der frische Salate und Suppen vervollkommnet. Die Blätter und Stängel lassen sich für Kochgerichte auch dünsten. Für einen optischen Blickfang sorgt die dunkelrotlaubige Sorte 'Atropurpurea'. Ihre roten Blätter eignen sich sehr gut für Salat-Garnierungen.

**sellerieartiger Geschmack**

## Kreuzkümmel

*Cuminum cyminum*

**Herkunft:** Der einjährige Doldenblütler ist bis auf tropische Gebiete überall in Asien beheimatet. Das Kraut war im Altertum eines der bekanntesten Würzkräuter. Er wird bereits seit dem Mittelalter im Mittelmeerraum angebaut. **Beschreibung:** Kreuzkümmel wird bis zu 60 cm hoch und bildet weiße oder lila Blütendolden. **Anbau & Pflege:** Zum Anbau ist ein vollsonniger Standort mit durchlässigem Boden zu wählen. Die Samen werden im April in Reihen oder als Horst ausgesät. Düngungen sind nur auf sehr sandigen Böden ratsam. Geerntet werden die Samen zur Fruchtreife. Dieses Stadium ist erreicht, sobald man die Früchte mit den Händen leicht aus den Dolden lösen kann. Einen Teil der Samen sollte man jedoch für die Aussaat im nächsten Frühjahr trocken einlagern. **Verwendung:** Die Früchte würzen Eintöpfe, Fleischspeisen, Gemüse, Suppen, Salate. In orientalischen Ländern wird Kreuzkümmel in Brot gebacken. Die Früchte sind in Indien eine Zutat im Currypulver. Das ätherische Öl wird industriell für Parfüms verwendet, um blumige Duftnoten zu unterstreichen.

**altes, vielseitig verwendbares Würzkraut**

## Kurkuma, Gelbwurzel

*Curcuma longa*

**Herkunft:** Diese exotische Staude stammt aus Südostasien. **Beschreibung:** Aus ihrem Wurzelstock treiben kräftig gestielte, lanzettförmige Blätter bis über 1 m hoch. Kurkuma ist sehr wärmeliebend und kann bei uns nur als Kübelpflanze gehalten werden. **Anbau & Pflege:** Als Standort ist ein heller, aber nicht vollsonniger Platz über 18 °C zu wählen. Im Frühjahr empfiehlt sich das Umtopfen in frische, mäßig nährstoffreiche Kübelpflanzenerde. Während des Winters sollte die Pflanze relativ trocken, bei 12 °C stehen. Möchte man selbst ernten, dann wird der Wurzelstock im Herbst herausgenommen und bei dieser Gelegenheit gleich geteilt. Ein Teilungsstück lässt man wieder in die Erde ein. **Verwendung:** Bekannt ist die Wurzel als aromatische, gelb färbende Zutat für Currypulver. Sparsam eingesetzt, wird die getrocknete Wurzel zum Würzen von Eiern, Fleisch und Reis verwendet. In der chinesischen Volksmedizin schätzt man sie als kreislaufanregendes Mittel. Medizinische Untersuchungen haben ergeben, dass die Wurzel auch die Gallenblasen- und Lebertätigkeit fördert.

**Kübelpflanze mit „gelber Wurzelkraft“**

## Zitronengras

*Cymbopogon citratus*

**Herkunft:** Zitronengras ist in den tropischen Gebieten Indiens, Chinas und Malaysias beheimatet. **Beschreibung:** Die bis zu 1 m große Pflanze bildet dichte, überhängende Grasbüsche aus knolligen Sprossen und breiten Blättern. **Anbau & Pflege:** Das wärmeliebende Gras lässt sich bei uns nur als Kübelpflanze halten. Man pflanzt es am besten in ein großes Gefäß, das während des Sommers an einer sonnigen Stelle im Garten eingelassen wird. Häufiges Gießen und regelmäßiges Düngen verbessert seine Entwicklung. Im Herbst wird der Kübel ins warme, helle Winterquartier geholt. Wer keinen Wintergarten besitzt, sollte die Überwinterung am Badfenster versuchen. **Verwendung:** In der Küche werden vorrangig die Sprosse bzw. Stiele verwendet. Sie gelten als Würzmittel für Fisch-, Fleisch- und Gemüsespeisen. Die Blätter sind Bestandteil vieler Teemischungen. Ein reiner Blättertee wirkt medizinisch gegen Magenbeschwerden, Kopfschmerzen, Durchfall und Erkältungskrankheiten. Ein schärferes Aroma besitzt das feinblättrigere Zitronellagras (*Cymbopogon flexuosus*).

**zitroniges Aroma aus dem Topf**

## Kardamom

*Elettaria cardamomum*

**Herkunft:** Aus den feuchtwarmen Gebieten Indiens stammt dieses bekannte Pfefferkuchengewürz. **Beschreibung:** Der aufrechte Wuchs (80 bis 120 cm hoch) des rhizombildenden Krautes erinnert an Ingwer. Bei uns kommt es nur bei einem Anbau unter Glas zur Blütenbildung. **Anbau & Pflege:** Die ausdauernde Staude lässt sich im Kübel anbauen. Sie benötigt einen hellen, möglichst nicht vollsonnigen Standort. Im Frühjahr wird sie in frische Kübelpflanzenerde umgetopft und bei Bedarf geteilt. Dabei werden die starken Wurzelrhizome getrennt und anschließend in die Gefäße eingelassen. Während des Sommers sollte regelmäßig gegossen und der Spross übersprüht werden. Als Winterquartier eignen sich helle, 10 °C warme Plätze. **Verwendung:** Die gemahlenen Früchte werden nicht nur für Weihnachtsgebäck, sondern auch für Gewürzmischungen, Fisch, Soßen und Wurst verwendet. In arabischen Ländern werden die Samen als Kaffee-Ersatz (Kardamomkaffee) genutzt. In der Volksmedizin wurde Kardamom bei Appetitlosigkeit und Magen-Darm-Beschwerden eingesetzt.

**Kübelpflanze mit weihnachtlichem Aroma**

## Chinesischer Gewürzstrauch

*Elsholtzia stauntonii*

**Herkunft:** Die halbverholzende Pflanze hat ihre Heimat in China, wo sie an Berghängen oder Straßenrändern wächst. **Beschreibung:** Gartenliebhaber kennen die auch als Chinesische Kamminze bekannte Pflanze eher als Zierstaude. Sie wird etwa 1 m hoch und entwickelt im Spätsommer zartrosa bis violette Blütenrispen, die von einer leuchtend roten Herbstfärbung abgelöst werden. **Anbau & Pflege:** Sie findet sowohl im Kräuter- als auch im Ziergarten einen Platz. Voraussetzung ist ein durchlässiger Gartenboden in sonniger Lage. Vor dem Winter wird die Pflanze bis ins alte Holz zurückgeschnitten und etwas mit Reisig abgedeckt. Vermehren lässt sie sich entweder durch selbst geerntete Samen oder durch halbverholzte Stecklinge im Frühsommer. **Verwendung:** In der asiatischen Küche werden die Blätter zum Würzen verschiedener Speisen, wie Eier- und Gemüsegerichte, verwendet. Das Aroma könnte man als eine markante Mischung zwischen Minze und Kümmel oder Bärwurz bezeichnen. Die Blüten können außerdem ein schöner Bestandteil von Kräutersträußen sein.

**wunderschöne Blüten – aromatische Blätter**

## Perilla, Schwarznessel

*Perilla frutescens*

**Herkunft:** Die Schwarznessel ist ein Lippenblütler und hat ihre Heimat vorrangig in China und Japan. **Beschreibung:** Die einjährige, strauchförmige Pflanze fällt durch ihre tiefrote Blattfarbe auf. Sie ist deshalb heute auch eine beliebte Zierpflanze für Bauerngärten. Mittlerweile gibt es verschiedene Sorten, auch grünblättrige oder besonders rotlaubige Formen. **Anbau & Pflege:** Die Samen werden im Frühjahr nach der letzten Frostgefahr direkt ins Kräuterbeet gesät. Es empfiehlt sich sowohl Reihen- als auch Horstsaat. Als Standorte werden sonnige Plätze mit gut fruchtbarem Boden ausgewählt. Geerntet werden Blätter und Sprossspitzen vor der Blüte. **Verwendung:** Das intensive Aroma der Blätter ist ein traditionelles Gewürz für Sushi-Gerichte und salzige Fischspeisen. Das Öl wird zur Herstellung von Gewürzmischungen und Zuckerwaren verwendet. Es bildet einen Grundstoff für die Herstellung eines Zuckerersatzes, der in Japan für Tabaksoßen verwendet wird. Medizinisch wirken die Blätter bei Magenbeschwerden oder Erkältungen.

**Blattschmuck und Sushi-Gewürz**

## Anis

*Pimpinella anisum*

**Herkunft:** Anis stammt aus Westasien und dem östlichen Mittelmeergebiet. Vom Orient bis nach Indien werden die Samen aufgrund ihres nussartigen Aromas gekaut. **Beschreibung:** Die aufrechte, einjährige Pflanze wird 40 bis 60 cm hoch und blüht in den Sommermonaten mit weißen Blütendolden. **Anbau & Pflege:** Die Samen werden im Frühjahr in Reihen in ein sonniges Beet mit durchlässigem Boden ausgesät. Gedüngt wird nur sehr sparsam im Frühjahr. Heiße Sommertemperaturen begegnet man mit regelmäßigem Wässern. Anis kann auch gut im Kübel angebaut werden. Die Samen bilden sich im Herbst. Wenn sie sich mittelbraun gefärbt haben und sich mit den Fingern aus den Blütenständen lösen lassen, werden sie geerntet. **Verwendung:** Die mittelbraunen Samen sind ein bekanntes Gewürz und aromatischer Bestandteil von Brot und Backwaren, Süßspeisen oder Spirituosen. Aus medizinischer Sicht sind die krampflösenden und hustenstillenden Eigenschaften zu nennen. Achtung: Die Samen können mit den giftigen Früchten des Gefleckten Schierlings verwechselt werden.

**auch für den Kübel geeignet**

## Vietnamesischer Koriander

*Polygonum odoratum*

**Herkunft:** Diese Knöterichart stammt aus Vietnam. Sie wächst in warmem Klima an feuchten Stellen. **Beschreibung:** Bei dieser ausdauernden Pflanze handelt es sich um keinen echten Koriander. Botanisch gesehen, ist dieses Kraut ein Knöterich, was man bereits aus den Blätter schließen kann (Wuchshöhe 30 bis 40 cm). **Anbau & Pflege:** Es empfiehlt sich, das Kraut im Kübel zu halten. Als Substrat kann man entweder Kübelpflanzenerde oder nährstoffarmen sandig-humosen Kompost verwenden. Während des Sommers wird die Pflanze samt Kübel im Garten an eine feuchte Stelle im Kräutergarten eingelassen. Diese Knöterichart ist in unseren Breiten nicht frosthart und benötigt einen frostfreien Stand im Winter (3 bis 5 °C). Vermehren lässt sich dieser Knöterich recht einfach über Stecklinge oder durch Teilung im Herbst oder Frühjahr. **Verwendung:** Beim Verzehr der Blätter stellt man ein scharfes, intensives Korianderaroma fest, weshalb sie in Vietnam als Koriandersatz verwendet werden. Die Blätter sind Würzmittel in verschiedenen Eier- und Frischspeisen.

**Knöterich mit Korianderaroma**

## Rotwurzel-Salbei

*Salvia miltiorrhiza*

**Herkunft:** Rotwurzel-Salbei, auch als Chinesischer Salbei bekannt, wächst im gemäßigten Klima Chinas. **Beschreibung:** Die großen violetten Blütenrispen der 50 bis 80 cm hohen, frostharten Pflanze setzen im Hochsommer nicht nur in Kräutergärten, sondern auch in Staudenrabatten Blickpunkte. **Anbau & Pflege:** Der Anbau ist relativ einfach und vergleichbar mit dem des Wiesen-Salbeis. Sonnige Standorte und durchlässiger Gartenboden sind die Grundlage einer guten Pflanzenentwicklung. Vermehrt wird er durch Stecklinge im Frühsommer oder die Aussaat von Samen im Frühjahr. Das Teilen größerer Horste kann im Herbst bei der Ernte vorgenommen werden. Ein Teilungsstück wird wieder eingepflanzt, von den anderen werden die Wurzeln abgeschnitten, gesäubert und getrocknet. **Verwendung:** Die scharlachroten Wurzeln werden in der chinesischen Naturheilmedizin zu einem Wurzelsud verarbeitet, der bei Frauen- und Leberbeschwerden, Quetschungen und Knochenbrüchen verabreicht wird. Zudem gilt er als Mittel bei Nervosität und Schlafstörungen.

**wunderschöne Blüten und heilende Wurzeln**

## Adressen

Kräuter- und Staudengärtnerei Mann
Schönbacher Straße 25
02708 Lawalde
Telefon 0 35 85/40 37 38
*www.staudenmann.de*
*www.plantasia.de*

Rühlemanns Kräuter und Duftpflanzen
Auf dem Berg 2
27367 Horstedt
Telefon 0 42 88/92 85 58
*www.ruehlemanns.de*

Kräuterey Lützel
Im Stillen Winkel 5
57271 Hilchenbach
Telefon 0 27 33/38 46
*www.kraeuterey.de*

Syringa Duft- und Würzkräuter
Bachstraße 7
78247 Hilzingen-Binningen
Telefon 0 77 39/14 52
*www.syringa-samen.de*

PflanzenReich
Anzinger Straße 28
85570 Markt Schwaben
*www.pflanzenreich.com*

Blumenschule Engler & Friesch
Augsburger Straße 62
86956 Schongau
Telefon 0 88 61/73 73
*www.blumenschule.de*

Kräuter im Brunnenhof
Fritz Hartmann & Gerhard Seidler
Kornstraße 61
88370 Ebenweiler
Telefon 0 75 84/32 22
*www.brunnenhof-kraeuter-und-mehr.de*

Gärtnerei Treml
Eckerstraße 32
93471 Arnbruck
Telefon 0 99 45/90 51 00
*www.pflanzentreml.de*




## Register

Die **halbfett** markierten Seitenzahlen verweisen auf Abbildungen.

Mit 65 Farbfotos von:
Otmar Diez, Sulzthal: 18 o;
Bildagentur Florapress, Hamburg: 15;
INFOOD.de, Hamburg: 28;
Roland Krieg, Waldkirch: 29 o;
Botanik Bildarchiv Laux, Biberach/Riß: 1, 27 o, 33 li, 40 (beide), 40, 43 re;
Dirk Mann, Lawalde:10, 11 u, 14 o, 16, 22 o, 32 re, 41 re;
Mein schöner Garten/Bodo Butz, Offenburg: 17 (alle drei);
Reinhard-Tierfoto/Hans Reinhard, Heiligkreuzsteinach-Eiterbach: 2/3, 6, 7 u, 12, 13 (beide), 18 u, 19 (beide), 20, 21 u, 23, 25, 26 (beide), 27 u, 29 u, 33 re, 35 li, 37 (beide), 37, 38 (beide), 39 re, 42 li, 43 li;
Manfred Ruckszio, Taunusstein: 11 o;
Peter Schönfelder, Pentling: 14 u, 31, 34 re, 39 li;
Roland Spohn, Engen: 5, 7 o, 9 (beide), 17, 22 u, 32 li, 34 li, 35 re, 36 (beide), 41 li, 42 re;
XENIEL-Dia/Michael Mögle, Stuttgart: 21 o;

Mit 9 Illustrationen von:
Reinhild Hofmann, München: 8;
Wolfgang Lang, Grafenau-Döffingen: 23;
Horst Lünser, Berlin: 24 (alle sechs), 25.

Alle Angaben in diesem Buch sind sorgfältig geprüft und geben den neuesten Wissensstand bei der Veröffentlichung wieder. Da sich das Wissen aber laufend in rascher Folge weiterentwickelt und vergrößert, muss jeder Anwender prüfen, ob die Angaben nicht durch neuere Erkenntnisse überholt sind. Dazu muss er zum Beispiel Beipackzettel zu Dünge-, Pflanzenschutz- bzw. Pflanzenpflegemitteln lesen und genau befolgen sowie Gebrauchsanweisungen und Gesetze beachten.

Umschlaggestaltung von Atelier Reichert, Stuttgart, unter Verwendung von zwei Fotos von Bildagentur Florapress, Hamburg (Hauptbild) und Roland Spohn, Engen (Einklinker).

Bibliografische Informationen der Deutschen Bibliothek
Die Deutsche Bibliothek verzeichnet diese Publikation in der Deutschen Nationalbibliografie; detaillierte bibliografische Daten sind im Internet über http://dnb.ddb.de abrufbar.

Gedruckt auf chlorfrei gebleichtem Papier

1. Auflage

ISBN-13: 978-3-440-10285-5
ISBN-10: 3-440-10285-8
Redaktion: Carolin Krank
Produktion: DOPPELPUNKT Auch & Grätzbach GbR, Leonberg
Grundlayout: Dietmar Grashoff, Lahr
Printed in Slovakia/Imprimé en Slovaquie



KOSMOS Postfach 10 60 11
D-70049 Stuttgart
TELEFON +49 (0)711-2191-0
FAX +49 (0)711-2191-422
WEB www.kosmos.de
E-MAIL info@kosmos.de